Brotbackmaschine Rezeptbuch

Mehr als 50 Brotrezepte für zu Hause

Stefanie **Huber**

Alle Rechte vorbehalten.

Warnung

ABSTRAKT

EINFÜHRUNG

Brot ist ein traditionelles und bekanntes Lebensmittel, das in unseren Breiten lange vor Kartoffeln, Reis oder Nudeln existierte. Da Brot nicht nur Energie, sondern auch Vitamine, Mineralien und Spurenelemente liefert, ist das Produkt als Grundlage einer Diät prädestiniert.

Brot als Nahrungsgrundlage Brot als Nahrungsgrundlage

Die Brotdiät wurde 1976 an der Universität Gießen entwickelt. Seitdem wurden viele Änderungen vorgenommen, die sich jedoch nur in Nuancen voneinander unterscheiden. Grundlage der Brotdiät ist kohlenhydratreiches Brot.

Das Brot wird aus Weizen hergestellt, daher kann das Brot je nach Art und Verarbeitung des Getreides unterschiedlich sein. Produkte mit einem hohen Vollkorngehalt werden in der Brotdiät bevorzugt. Diese Brote zeichnen sich durch einen hohen Gehalt an Spurenelementen und Mineralien aus, sie enthalten auch Ballaststoffe. Hochverarbeitetes

Weißbrot ist in der Brotdiät nicht verboten, sondern sollte nur in kleinen Mengen verzehrt werden.

WIE DIE BROTDIÄT FUNKTIONIERT

Die Brotdiät ist im Grunde eine Diät, die durch Reduzierung der Kalorienaufnahme funktioniert. Die Gesamtenergiemenge für den Tag wird in der Brotdiät auf 1200-1400 Kalorien reduziert. Mit Ausnahme einer kleinen warmen Mahlzeit aus Getreideprodukten werden diese Kalorien nur in Form von Brot bereitgestellt.

Es muss kein ruckartiges Rindfleisch, magerer weißer Käse mit Kräutern oder Gemüsestreifen sein. Der Fantasie sind kaum Grenzen gesetzt, weshalb die große Anzahl an Rezepten für die Brotdiät. Zu den in der Brotdiät enthaltenen Getränken gehören Wasser und ungesüßter Tee. Zusätzlich wird vor jeder Mahlzeit ein Brotgetränk eingenommen, um die Verdauung zu unterstützen und das Immunsystem zu stärken.

VORTEILE DER BROTDIÄT

Wenn Sie beim Platzieren von Sandwiches nichts falsch machen, ist einer der Vorteile der Brotdiät, wie bei den meisten kalorienarmen Diäten, der schnelle Erfolg. Aber die Brotdiät hat andere echte Vorteile gegenüber anderen Diäten. Die Ernährung kann sehr ausgewogen gestaltet werden, sodass Sie keine Mangelerscheinungen erwarten.

Grundsätzlich kann eine Brotdiät grundsätzlich auch lange ohne zu erwartende gesundheitsschädliche Auswirkungen durchgeführt werden. Ein weiterer Vorteil ist die Leichtigkeit, mit der die Diät durchgeführt werden kann. Die meisten Lebensmittel sind kalt und können zubereitet werden. Infolgedessen kann sogar eine arbeitende Person ihre Ernährung leicht ergänzen, indem sie das mitgebrachte Brot isst, anstatt in der Kantine zu essen.

NACHTEILE DER BROTDIÄT

Die Brotdiät weist keine besonderen Nachteile auf, die mit ihrer Zusammensetzung verbunden sind. Wenn die Brotdiät jedoch nur vorübergehend durchgeführt und dann zum vorherigen Lebensstil zurückgeführt wird, tritt der gefürchtete Jojo-Effekt auch bei der Brotdiät auf. Während der Hungerphase der Diät nimmt der Grundumsatz des Körpers ab.

Nach einer Diät tritt eine Gewichtszunahme schnell und normalerweise auf einem höheren Niveau als vor einer Diät auf.

BROT, Dinkel und Roggen KEFIR MIT WÄSCHE UND BROTMÜHLE

ZUTATEN

- 240 gr Kefir (Kefirmilch)
- 180 gr Natürliche Hefe, vom Bäcker oder von Ihnen fermentiert
- 90 Gramm   Roggenmehl Typ 997
- 270 Gramm   Dinkelmehl Typ 1050
- 8 Gramm   Salz
- 4 g   Trockenhefe, ca. 1/2 Umschlag
- 30 Gramm   Leinsamen

VORBEREITUNG

Geben Sie alle Zutaten in genau dieser Reihenfolge in den Brotbackautomaten. Also zuerst die flüssigen Zutaten, dann das Mehl und schließlich die Trockenhefe und die Leinsamen.

Wählen Sie im normalen Kochprogramm 750 g Nudeln und einen intensiven Bräunungsgrad (Gesamtzeit ca. 3 Stunden). Die Zeitvoreinstellungsfunktion bis ca. Sogar 12 Stunden sind möglich. Wenn Sie also morgens aufwachen, erhalten Sie ein wunderbar duftendes, frisches und knuspriges Frühstücksbrötchen.

Wenn Sie keinen frischen Sauerteig haben, können Sie zusätzlich 90 g Roggenmehl, 90 g Wasser und Sauerteigextrakt aus dem Supermarkt oder Reformhaus verwenden und zu einem Fruchtfleisch mischen.

BROT - KIRSCH - KUCHEN

Portionen: 1

ZUTATEN

- 1 Glas   Kirschen (Inhalt 680 g)
- 150 gr   Brot (e), abgestandenes Schwarzbrot
- Schlafzimmer Eier)
- 150 gr Zucker
- 1 Teelöffel   Zimt
- Butter und Semmelbrösel für die Pfanne
- Puderzucker (nach dem Kochen)

VORBEREITUNG

Die Kirschen abtropfen lassen und das Schwarzbrot zerbröckeln. Eine Laibpfanne einfetten und mit Semmelbröseln bestreuen.

Heizen Sie nun den Backofen auf 180 Grad vor (obere und untere Hitze). Besiegen

Eier mit Zucker schaumig machen. Fügen Sie den Zimt und das zerbröckelte Brot hinzu.

Gießen Sie den Teig in die Form und verteilen Sie ihn auf den Kirschen.

Backen Sie den Kuchen etwa 50 Minuten lang auf dem mittleren Rost. Dann lassen Sie den Kuchen 10 Minuten in der Pfanne sitzen, entfernen Sie ihn und lassen Sie ihn in einer Pfanne vollständig abkühlen.

Zum Schluss mit Puderzucker bestreuen.

SONNE SIEGFRIED

ZUTATEN

- 600 gr Teig (Siegfried aus Weichweizenmehl Typ 1050)
- 300 Gramm   Weichweizenmehl Typ 1050
- 150 gr Weizenmehl, Vollkornweizen
- 170 ml Wasser, lauwarm, vielleicht weniger (ca. 150 ml)
- 2 Teelöffel   Meersalz
- ½ Packung   Trockenhefe
- 70 Gramm   Sonnenblumenkerne

VORBEREITUNG

Verarbeiten Sie alle Zutaten außer den Sonnenblumenkernen zu einer glatten Paste (vorzugsweise mit einer Küchenmaschine). Dann die Sonnenblumenkerne bearbeiten. Den Teig zu einem Laib formen und ca. 2 Stunden und vor dem Kochen mehrmals schneiden.

Während Sie auf dem BBA kochen, legen Sie den Teig in die Maschine, schneiden Sie ihn ab und kochen Sie ihn mit dem Programm "Nur kochen" (Dauer: 1 Stunde).

Oder backen Sie das Brot 50-60 Minuten im Ofen bei 175-180 ° C.

VOLLKORNBROT

Portionen: 1

ZUTATEN

- 500 g   Weichweizenmehl Typ mindestens 550 oder Dinkel- oder Roggenmehl
- 250 gr Roggenmehl
- 250 gr Vollkornmehl oder Vollkornmehl
- 100 Gramm   Kürbiskerne
- 100 Gramm   Sonnenblumenkerne
- 100 Gramm   Leinsamen, hell oder dunkel
- 2 1/2 Esslöffel, gearbeitet   Salz, 3 Die Löffel sind auch gut
- 3 EL   Rübensirup
- 2 Würfel   Frische Hefe

- 1 Liter Milchbutter

VORBEREITUNG

Die angegebenen Mengen reichen für zwei Vollbrote. Da die Backzeit ziemlich lang ist und die Energie gut genutzt werden muss, würde ich empfehlen, immer zwei Brote zu backen. Frisches Brot kann auch gut eingefroren werden.

Zuerst die Hefe mit Buttermilch und Rübensirup in einen Behälter von mindestens 2 Litern geben. Dazu die Buttermilch mit dem Rübensirup auf ca. 35 ° C dann die Hefe zerbröckeln. Es ist sehr wichtig, NIEMALS 37 ° C zu überschreiten, da dies die Hefe zerstört und das Brot nicht richtig aufgeht. Stellen Sie dann einfach die Schüssel auf die Theke und lassen Sie die Hefe ihren Job machen.

In der Zwischenzeit die Mehlmischung vorbereiten. Alle Zutaten wiegen und in eine große Schüssel geben. Mischen Sie die Mehlmischung mit den Körnern und dem trockenen Salz und machen Sie dann eine Schüssel in der Mitte.

Überprüfen Sie nun, ob die Hefe aktiviert wurde. Die Buttermilchmischung sollte nun sprudeln und deutlich aufgehen.

Gießen Sie die Buttermilch-Hefemischung in die zuvor geformte Vertiefung und mischen Sie alles zu einer homogenen Masse. Der Teig neigt zum Laufen, also wundern Sie sich nicht.

Nach dem Kneten den Teig in zwei Formen (jeweils 1,5 bis 1,8 Liter) geben und in einem auf 150 ° C vorgeheizten Ofen 2,5 Stunden auf dem zentralen Rost backen.

Brotteig / Brötchenteig

Portionen: 1

ZUTATEN

- 4 Unzen   Mehl (Weizenmehl)
- 4 Unzen   Dinkelmehl
- 4 Unzen   Mehl (Vollkornmehl)
- 4 Unzen   Mehl (Roggenmehl)
- 1 Packung   Trockenhefe
- ¼ Liter   Das Wasser

VORBEREITUNG

Messen Sie jede Mehlsorte und sieben Sie sie in eine Schüssel. Dann die Trockenhefe hinzufügen und mit einem

Löffel mischen, so dass sich die Trockenhefe mit dem Mehl vermischt.

Fügen Sie nun das Wasser hinzu und kneten Sie zuerst mit einem Handmixer und einem Teighaken. Der Teig ist jetzt etwas spröde. Wenn Sie den ganzen Teig bearbeiten, arbeiten Sie mit Ihren Händen und bilden eine Kugel. Diese Kugel verbleibt nun im Behälter und wird abgedeckt und an einem warmen Ort (z. B. auf dem Herd) platziert. Der Teig sollte jetzt aufgehen.

Der Teig kann weiter bearbeitet werden, wenn eine kleine Vertiefung, die durch leichtes Drücken mit dem Finger in den Teig entsteht, sofort wieder verschwindet. Formen Sie den Teig nach Belieben (Pfanne, Oval, Nudelholz usw.) und legen Sie ihn auf ein mit Pergament oder Pergamentpapier ausgelegtes Backblech und backen Sie ihn im Ofen. Brote oder Brötchen werden bei 200 Grad gebacken, bis sie das gewünschte Goldbraun erreichen.

KANADISCHES BLUEBERRY-BROT

Portionen: 1

ZUTATEN

Für die Pasta:

- 130 Gramm   Blaubeeren (Nüsse)
- 150 ml Cranberrysaft oder Apfelsaft
- 100 Gramm   Pekannüsse
- 100 Gramm   Cheddar-Käse, gewürfelt
- 4 Unzen   Dinkelmehl Typ 630
- 250 gr Weichweizenmehl Typ 550 plus 1 zusätzliche Esslöffel für die Nussmischung
- 1 Packung   Trockenhefe

- 250 ml Lauwarmes Wasser
- ½ Teelöffel   Salz
- 6 EL   Rapsöl
- 50 Gramm   Ahornsirup

Auch:

- Knospe
- 1 EL   Das Wasser
- Etwas Fettiges für die Form

VORBEREITUNG

Die Preiselbeeren mindestens 2 Stunden oder über Nacht in Preiselbeersaft einweichen. Dann die Früchte in einem Sieb gut abtropfen lassen.

Sieben Sie die beiden Mehlsorten. Mischen Sie Salz, Trockenhefe, Wasser, Ahornsirup und Öl und kneten Sie sie mit einem Hefeteig. Lassen Sie es los, bis sich die Lautstärke verdoppelt hat.

Mischen Sie die abgetropften Blaubeeren mit dem Käse und den Nüssen und fügen Sie einen guten Esslöffel Mehl hinzu. Die Mischung mit dem Sauerteig kneten. Wenn der Teig zu klebrig wird, müssen Sie möglicherweise etwas mehr Mehl hinzufügen.

Eine 30-mm-Laibpfanne leicht einfetten, den Teig einfüllen, glatt streichen und gehen lassen, bis er bis zum Rand der Pfanne reicht. Mischen Sie das Eigelb mit dem Esslöffel Wasser und verteilen Sie es vorsichtig auf dem Brotteig.

Den Backofen auf 180 ° C hoch / niedrig vorheizen und das Brot ca. 60 Minuten backen, dann auf einem Rost abkühlen lassen.

Weizenpuppen

Portionen: 1

ZUTATEN

- 60 Gramm Getreide (Roggen- und Weizenkörner)
- Norden. B. B. Das Wasser

VORBEREITUNG

Die Bohnen über Nacht in einem flachen Plastikbehälter in Wasser einweichen. Kippen Sie die Abdeckung, schließen Sie sie nicht. Am nächsten Morgen die Sprossen in einem Sieb abspülen, dann wieder in die Schüssel geben, gleichmäßig verteilen und wieder abdecken. Spülen Sie nun die Triebe jeden Morgen und Abend mit Wasser ab.

Nach drei Tagen verwende ich die Sprossen zum Verzehr oder Kochen oder bewahre sie 1 bis 2 Tage im Kühlschrank auf, um sie zu verarbeiten.

BAMBUS UND WILDER HONIG NÄHEN BROT

- 420 gr Dinkelmehl (Vollkornmehl)
- 20 Gramm   Frische Hefe
- 1 EL   Salz
- 1 EL   Honig, (Waldhonig)
- 150 ml Warmes Wasser für den Brotteig
- 100 Gramm   Couscous
- 150 ml Kochendes Wasser für ihn Couscous
- 4 Unzen   Bambussprossen, Glas.
- Fett zum Kochen oder Kochen von Mahlzeiten

VORBEREITUNG

100 g Couscous in eine Schüssel geben, kochendes Wasser hinzufügen und gut mischen. Nach 10 Minuten mit einer Gabel aufpumpen.

In der Zwischenzeit die Triebe in kleine Stücke schneiden und den Couscous hinzufügen.

Gießen Sie das Mehl in eine Schüssel, mischen Sie das Salz, machen Sie eine Quelle und fügen Sie den Honig hinzu.

Die Hefe in lauwarmem Wasser auflösen und über den Honig gießen.

Kneten Sie den dicken Teig und dann den Couscous-Sprossen-Teig.

Den Teig gut kneten, bis er nicht mehr am Rand der Schüssel haftet. Optional etwas mehr Mehl hinzufügen.

Legen Sie ein Handtuch über die Schüssel und lassen Sie es 30 Minuten lang ruhen.

Fetten Sie eine kleine runde oder ovale Auflaufform ein (der Teig ist so hoch gestiegen, dass er nicht mehr in eine normale Pfanne passt) und fügen Sie den Teig hinzu.

In den kalten Ofen auf den zweiten Grill von unten stellen und 30 Minuten bei 200 Grad hoch / niedrig backen.

Füllen Sie die Auffangwanne am Boden des Ofens mit Wasser vor oder stellen Sie eine Schüssel mit Ofenwasser auf den Boden des Ofens.

Nach 30 Minuten die Hitze auf 180 Grad senken und weitere 60 Minuten kochen lassen.

In den letzten 30 Minuten habe ich Folie auf das Brot gelegt, damit die Kruste nicht zu dunkel wird, sondern jeder für sich.

Diese Brotkombination wurde kreiert, weil ich Couscous nicht besonders mag, aber immer noch Reste auf Lager hatte und weil ich manchmal Bambussprossen aus einem Glas verwendete, aber noch einige im Topf hatte. Warum also nicht Brot daraus machen? .

Entgegen meinen eigenen Erwartungen stellte sich heraus, dass es wirklich lecker war!

BROT VOM BAUERN

Portionen: 1

ZUTATEN

- 500 g   Weichweizenmehl Typ 1050
- 250 gr Roggenmehl Typ 1150
- 20 Gramm   Hefe
- 10 Gramm   Kristallzucker
- 30 Gramm   Honig, flüssiger
- 15 Gramm   Butter
- 75 Gramm   Natürliche Hefe, flüssiger
- 20 Gramm   Salz
- 500 ml Heißes Wasser oder bei Raumtemperatur.
- Schüsselöl
- Mehl zum Arbeiten und Streuen

VORBEREITUNG

Die Hefe zerbröckeln und mit dem Puderzucker in 2 EL Wasser bei Raumtemperatur auflösen. Die Hälfte des Weizen- und Roggenmehls mischen und mit Wasser (vorzugsweise mit einem Teighaken) kneten.

Fügen Sie die Hefemischung noch nicht zur Mehl-Wasser-Mischung hinzu! Lassen Sie die Vormischung 30 Minuten einwirken.

Fügen Sie nun die Hefemischung mit der anderen Hälfte des Weizen- und Roggenmehls, des flüssigen Honigs, der Butter und des flüssigen Sauerteigs zum vorherigen Teig hinzu und kneten Sie bei schwacher Hitze etwa 2 Minuten lang. Mit Salz bestreuen und alles bei mittlerer Hitze ca. 5 Minuten mischen.

Den Teig in eine leicht mit Öl gefettete Schüssel geben, mit einem Küchentuch abdecken und 45 Minuten stehen lassen.

Legen Sie den Teig auf eine leicht bemehlte Arbeitsfläche und formen Sie mit bemehlten Händen einen runden Laib. Mit etwas Mehl bestreuen und auf ein mit Pergamentpapier ausgelegtes Backblech legen. Abdecken und weitere 45 Minuten ziehen lassen.

Den Backofen auf 250 ° C vorheizen (hohe / niedrige Hitze). Stellen Sie einen Behälter mit kochendem Wasser auf den Boden des Ofens. Backen Sie das Brot im unteren Drittel 10 Minuten lang. Senken Sie die Temperatur auf 200 ° C und kochen Sie weitere 50 Minuten. (Luftzirkulation wird nicht empfohlen).

LOBIANI UND HATSCHIPURI - GEORGISCHES BROT MIT BOHNEN ODER KÄSE

Zutaten

- 450 gr Weizenmehl
- 150 gr Maismehl
- 1 Eimer   Hefe oder 1 Beutel Trockenhefe
- 250 ml Wasser, Raumtemperatur
- 150 ml Kefir, Raumtemperatur
- ½ Teelöffel   Zucker
- 1 Teelöffel   Salz
- Eier)
- 4 Unzen   Mozzarella

- 200 gr Feta oder Hirtenkäse
- 100 Gramm   gouda Käse
- 1 Box   Bohnen, ca. 220 gr
- 120 gr Speckwürfel oder Speckwürfel
- Gewürzmischung (Chmeli Suneli), zum Beispiel nach meinem Rezept aus der Datenbank
- Dreckig
- Koriandersamen

VORBEREITUNG

Das Ei schlagen, Eigelb und Weiß trennen. Kühlen!

Die frische Hefe mit etwas Wasser auflösen. Trockenhefe kann direkt zum Mehl gegeben werden. Mehl wiegen, Salz und Zucker hinzufügen und gut mischen. Wenn Sie frische Hefe verwenden, machen Sie einen Brunnen, gießen Sie die geschmolzene Hefe hinein und bestreichen Sie sie leicht mit Mehl. Kefir vorsichtig einschenken und von außen verarbeiten. Fügen Sie den Rest des Wassers nach Bedarf hinzu. Kneten Sie den Teig, bis Sie einen glatten Teig erhalten. 30 Minuten ruhen lassen. Nochmals kneten und weitere 30 Minuten stehen lassen. Dann 6 gleichmäßige Kugeln mit dem Teig formen, in das Mehl rollen und ca. 15 bis 20 Minuten.

Für die Hatschipuri:

Den Käse reiben und mischen. Da hier kein echter georgischer Käse erhältlich ist, verwende ich die oben genannte Mischung, die ein gewisses Gleichgewicht zwischen "Zähigkeit" und "Geschmack" bietet, das nahe kommt. Es ist auch wichtig, Feta-Salzlösung (3-4 EL) zu verwenden. Dann die Mischung mit dem Eiweiß hinzufügen, gut mischen und im Kühlschrank lagern.

Für Lobials: abtropfen lassen

Bohnen, die einen Teil der Brühe sammeln.

Die Bohnen in einer Schüssel zerdrücken und den Speck / die Speckwürfel hinzufügen. Geh raus, wenn du musst. Dann großzügig mit Chmeli Suneli, gesalzenen und gemahlenen Koriandersamen mischen. Wenn nötig, die Nudeln mit etwas Bohnenbrühe weich machen. 1-2 Esslöffel sollten ausreichen.

Die Knödel ausrollen, der Teig kann außen etwas dünn sein.

Teilen Sie den Teig in Drittel und legen Sie einen Teil auf den Aufstrich. Flache es ein bisschen ab.

Ziehen Sie die Kante in einem Kreis zur Mitte, machen Sie kleine Falten und drücken Sie sie nach unten. Umdrehen und vorsichtig auf eine Dicke von 1 bis 2 cm verteilen.

Auf Backblechen verteilen und mit Eigelb bestreichen. Durch Konvektion bei 200 Grad ca. 20-25 Minuten backen.

Lobiami und Hatchipuri schmecken besser, wenn sie noch heiß sind!

Omas gebratene Zwiebeln

Portionen: 3

Zutaten

- 1 kg Zwiebel
- 1 Teelöffel Kreuzkümmel
- Salz und Pfeffer nach Geschmack
- 1 Scheibe / n Brot, abgestandene Lebensmittel, p. Bsp. B. Grenzen
- 1 EL   Margarine zum Kochen

VORBEREITUNG

Zwiebeln schälen und in Scheiben schneiden. Die Margarine in der Pfanne erhitzen. Fügen Sie die Zwiebel und

Kreuzkümmel hinzu. Mit Salz und Pfeffer würzen und anbraten, bis die Zwiebeln schaumig und durchgegart sind.

Das Brot in Würfel schneiden und zu den Zwiebeln geben. Einige Minuten braten. Nach Geschmack würzen und servieren.

Ofenkartoffeln passen gut zusammen.

CASHEW NUTS BAGUETTE

Portionen: 2

ZUTATEN

- 75 Gramm   Nüsse
- 75 Gramm   Cashewnuss
- 20 Gramm   Frische Hefe
- 250 gr Dinkelmehl (ganz)
- 250 gr Weizenmehl
- 1 Teelöffel   Salz
- Mehl für Arbeitsplatten

VORBEREITUNG

Walnüsse und Cashewnüsse grob hacken. Die Hefe unter Rühren in 350 ml lauwarmem Wasser auflösen. Mischen Sie die beiden Mehlsorten und würzen Sie sie mit Salz, gießen Sie die geschmolzene Hefe hinein und kneten Sie, bis mit dem Teighaken des Handmixers ein homogener Teig entsteht. Die gehackten Nüsse kneten, abdecken und den Teig ca. 1 Stunde an einem warmen Ort gehen lassen.

Den Teig halbieren, mit bemehlten Händen 2 Baguettes formen. Legen Sie sie nebeneinander auf ein mit Pergamentpapier ausgelegtes Backblech und lassen Sie sie weitere 45 Minuten gehen.

In einem heißen Ofen bei hoher / niedriger Hitze bei 225 Grad etwa 20 Minuten backen.

Lassen Sie es abkühlen und genießen Sie es frisch.

SCHWEIZER SCHNITZBROT ODER HUTZELBROT

Portionen: 2

ZUTATEN

- 500 g Birne (n), ganz getrocknet (Hutzeln, p. Zum Beispiel Schweizer Wasserbirnen oder geröstete Birnen)
- 500 g Pflaumen, getrocknete Pflaumen oder Pflaumen werden ohne Gruben halbgetrocknet gehalten
- 40 Gramm   Frische Hefe
- 1000 Gramm Dunkles Mehl (Typ 1060)
- 250 gr Zucker

- 500 g   Getrocknete Feigen
- 4 Unzen   Orangenschale
- 4 Unzen   Zitronenschale
- 250 gr Haselnuss
- 250 gr Nüsse
- 250 gr Mandeln, ungeschält, gemahlen
- 250 gr Sultana-Trauben
- 250 gr Rosinen
- 30 Gramm   Zimt Pulver
- 1 EL   Gemahlener Anis
- 1 Prise Salz
- 2 Liter Fermentierter Apfelsaft (Schwaben muss)
- 20 ganze Mandeln

VORBEREITUNG

Die Hutzeln über Nacht in einem großen Topf mit 1 bis 2 Litern Most einweichen. Am nächsten Tag zum Kochen bringen und bei geschlossenem Deckel köcheln lassen, bis die Birnen weich sind. Füllen Sie die Würze und das Wasser (zu gleichen Teilen) mehrmals, um die Schoten zu bedecken. Während sie an die Oberfläche steigen, lege ich einen geeigneten Teller über die Knöchel, der sie in die Flüssigkeit drückt. Schneiden Sie die Pflaumen und Feigen in Würfel, hacken Sie die Orangenschale und Zitronenschale, Haselnüsse und Walnüsse. Alles in eine große Schüssel geben (wir verwenden eine Plastikschale), die gehackten Mandeln, Rosinen und Rosinen hinzufügen. Mit Zimt, Anis und Salz bestreuen. Die eingeweichten Zapfen schneiden den kleinen harten Teil am Ende der Birne,

Mit etwas heißer Hutzelbrühe, Backpulver, etwas Zucker und Mehl einen kleinen Vor-Teig machen, bis er aufgeht.

Den Rest des Zuckers mit dem Teig in den Topf geben. Alles zusammenarbeiten und das Mehl nach und nach hinzufügen. Gießen Sie eine kleine Hutzelbrühe ein, um eine leicht klebrige und geschmeidige Paste zu erhalten. Es ist besser, paarweise zu arbeiten: Eine Person hält die Wanne. Dann leicht mit Mehl bestreuen, abdecken und an einem warmen Ort gehen lassen. Nehmen Sie sich etwas Zeit.

Sobald das Mehl zerbrochen ist, kneten Sie den Teig erneut und teilen Sie ihn in 10 gleiche Teile.

Brote formen und auf ein mit Pergamentpapier ausgelegtes Backblech legen. Ganze Mandeln mit heißem Wasser blanchieren, damit sich die braune Haut leicht abziehen lässt. Teilen Sie die Mandeln und drücken Sie vier Mandelhälften in jedes der geformten Brote, um ein symbolisches Kreuz zu erzeugen. Mit einem Geschirrtuch abdecken und über Nacht stehen lassen.

Am nächsten Morgen den Backofen auf 220 ° vorheizen (190 ° Heißluftofen). Das Hutzelbrot 40 bis 50 Minuten backen. Achten Sie immer darauf, dass sie oben nicht schwarz werden. Andernfalls senken Sie bitte die Temperatur im Laufe der Zeit. Die Brote sind fertig, wenn sie beim Aufprall hohl klingen. Mit dem Rest der heißen Brühe bestreichen, gut polieren und abkühlen lassen. Lassen Sie sie ein oder zwei Tage sitzen, dann schmecken sie richtig gut.

Dann wickeln wir jedes Brot in Plastikfolie. Der Hutzelbrot (auch Schnitzbrot genannt) kann lange gelagert werden, ca. 2-4 Monate. Überprüfen Sie immer wieder, ob sich unter der Folie Schimmel bildet, was bei zu nassem Brot passieren kann. Dann sofort auspacken. Wir geben viele davon als Weihnachtsgeschenke.

GANZES FRÜHLINGSBROT MIT GETREIDE

Portionen: 1

ZUTATEN

- 80 gr   Sonnenblumenkerne
- 80 gr   Sesam
- 80 gr   Leinsamen
- 250 gr Heißes Wasser
- 750 Gramm   Ganzes Dinkelmehl
- 12 Gramm   Meersalz
- 42 gr   Frische Hefe oder 14 g Trockenhefe
- 1 Teelöffel   Zucker
- 500 g   Lauwarmes Wasser

- 3 EL   Apfelessig
- Butter oder Margarine für die Form

VORBEREITUNG

Legen Sie die Sonnenblumenkerne, Sesamkörner und Leinsamen in eine große Schüssel und gießen Sie heißes Wasser darüber. Verschließen Sie den Behälter mit einem Deckel und lassen Sie die Bohnen vorzugsweise über Nacht einweichen.

Das ganze Dinkelmehl und Salz mit den eingeweichten Körnern in die Schüssel geben und alles vermischen.

Geben Sie die Hefe mit dem Zucker in ein Becherglas und geben Sie nach und nach 500 g lauwarmes Wasser hinzu, bis sich die Hefe vollständig aufgelöst hat. Zum Schluss den Apfelessig in das Hefewasser geben und alles zum Mehl in der Schüssel geben. Mischen Sie mit einem Handmixer alle Zutaten mit dem Teighaken, bis sich ein glatter Teig bildet.

Den Teig abdecken und 2 Stunden bei Raumtemperatur stehen lassen.

Eine große Pfanne mit Butter oder Margarine einfetten, den Teig in die Pfanne gießen und weitere zwei Stunden gehen lassen.

Den Teig in den kalten Ofen geben und ca. 60 Minuten bei 200 ° C hoch / niedrig backen. Nehmen Sie das Brot aus der Pfanne und kochen Sie es weitere 10 bis 15 Minuten ohne Pfanne.

Lassen Sie das fertige Brot auf einem Rost abkühlen.

Die Garzeit variiert je nach Ofen und Pfanne. Wenn nötig, stechen Sie das Brot mit einem Holzstab durch, um zu überprüfen, ob der Teig klebt. In diesem Fall das Brot etwas länger backen.

Tipp von Chefkoch.de: Da der Cadmiumgehalt von Leinsamen relativ hoch ist, empfiehlt die Bundeszentrale für Ernährung, nicht mehr als 20 g Leinsamen pro Tag zu sich zu nehmen. Der tägliche Brotkonsum sollte entsprechend aufgeteilt werden.

DELETEADO - GANZES BROT FÜR TRAY MIT 30 STOFFEN

Portionen: 1

ZUTATEN

- 675 Gramm   Mehl (ganzes Dinkelmehl)
- 30 Gramm   Hefe
- 1 Teelöffel   Salz
- ½ Teelöffel   Kreuzkümmelpulver
- 1 EL   Zucker
- 500 ml Lauwarmes Wasser
- Ein wenig Margarine oder Butter
- Sonnenblumenkerne, Sesam, Leinsamen ...

VORBEREITUNG

Eine Laibpfanne (30 s) einfetten und mit Samen bestreuen.

Mischen Sie das ganze Dinkelmehl mit Salz, Zucker und Kreuzkümmel.

Füllen Sie einen Messbecher mit lauwarmem Wasser, zerbröckeln Sie die Hefe und lösen Sie sie vollständig auf.

Fügen Sie das Hefewasser zur Mehlmischung hinzu und mischen Sie alles zusammen mit dem Teighaken. (Die Textur des Teigs sieht jetzt im Vergleich zu Brotteig wie ein harter Teig aus, aber es ist wahr!)

Gießen Sie die Mischung in die vorbereitete Pfanne und glätten Sie sie.

Stellen Sie die Form in den kalten Ofen (das ist sehr wichtig!) Und stellen Sie den Ofen jetzt auf 60 ° heiße Luft.

Sobald der Teig den oberen Rand der Pfanne erreicht hat, auf 225 ° C bringen und weitere 40 Minuten kochen lassen.

In der Form ca. 5 Minuten abkühlen lassen und dann aus der Form nehmen.

Wenn Sie Kreuzkümmel nicht mögen, können Sie ihn weglassen oder durch andere Gewürze ersetzen, aber das wäre eine Schande, denn Kreuzkümmel hält das Brot lange frisch.

Sie können Brot auch mit Weizen anstatt mit Dinkel backen (beide sind aufgrund der Nährstoffe besser frisch gemahlen!)

Sie können die Samen auch in den Teig mischen, anstatt sie in die Pfanne zu streuen, aber sie bekommen diesen unverwechselbaren Geruch nicht.

Es ist am besten, Brot in einer schwarzen Blechpfanne zu backen, aber es funktioniert auch auf andere Weise.

Wenn Sie keinen Heißluftofen haben, müssen Sie die Werte reduzieren .ca. 15-20°.

MUTTER YEAST APULIO BROT

Die Portionen; von ihnen

ZUTATEN

- 120 gr Natürliche Hefe (Mutterhefe)
- 600 gr Mehl (gedämpfter Weichweizen oder italienischer Hartweizengrieß)
- 400 gr Lauwarmes Wasser
- 20 Gramm   Meersalz aus der Mühle

VORBEREITUNG

Lassen Sie den Sauerteig dreimal 8 Stunden lang bei Raumtemperatur abkühlen. Entfernen Sie dazu 100 g einer vorhandenen Lieveto-Mutter und erfrischen Sie sie mit 50 g Weichweizenmehl Typ 550 und Wasser entsprechend der Konsistenz der Lieveto-Mutter. Sauerteig ist ein Sauerteig aus Äpfeln, Vollkornmehl und Wasser. Ich habe es selbst angehoben und benutze es seit Wochen. Wenn nicht erforderlich, wird es im Kühlschrank aufbewahrt, sollte jedoch mindestens einmal pro Woche mit 50 g Mehl und Wasser aufgefrischt werden. Es ist ein sehr empfindlicher Sauerteig.

Sieben Sie das Mehl in eine Schüssel und formen Sie einen Brunnen. Gießen Sie 400 g lauwarmes Wasser und mischen Sie es mit einem Löffel, bis das gesamte Mehl angefeuchtet ist und einen Klumpen bildet. es dauert ungefähr zwei Minuten. Decken Sie die Schüssel ab und lassen Sie den Teig zur Autolyse 2 Stunden bei 24 ° C ruhen.

Fügen Sie den Sauerteig hinzu und kneten Sie von Hand; falten Sie mit 2 Fingern in der Mitte oder mit der Blätterteigkarte; dauert ungefähr eine Minute. Decken Sie die Schüssel ab und gehen Sie

Der Teig geht 1 Stunde auf. Den Teig etwas flach drücken, mit 10 g Salz bestreuen und den Teig vom Rand bis zur Mitte falten. Den Teig wenden, die restlichen 10 g Salz darüber gießen und gleichmäßig von Kante zu Kante falten. Decken Sie die Schüssel ab und lassen Sie sie 30 Minuten stehen.

Nun den Teig dreimal alle 15 Minuten ausrollen und falten. Drehen Sie die Schüssel vom Rand bis zur Mitte ein wenig und wiederholen Sie den Vorgang einige Male, bis eine Kugel mit einer glatten Oberfläche entsteht. Der Teig wird sehr elastisch, fast gummiartig.

Wiederholen Sie nun die Dehnung und biegen Sie dreimal alle 30 Minuten. Der Teig wird immer elastischer; Wenn Sie es abdecken, können Sie sehen, dass die Nudeln sprudeln. Noch eine Stunde ruhen lassen.

Decken Sie es dann ab und lassen Sie es mindestens 12 Stunden im Kühlschrank reifen (dies kann bis zu 72 Stunden dauern). Das Ergebnis ist ein weiches und außerordentlich aromatisches Brot.

Nehmen Sie den Teig 2 Stunden vor dem Backen aus dem Kühlschrank. Legen Sie den Teig auf eine bemehlte Arbeitsfläche und formen Sie ein Rechteck, indem Sie ihn vorsichtig klopfen. Dehnen Sie die kurzen Seiten und falten Sie sie in der Mitte. Rollen Sie sie nun wie ein Strandtuch auf der kurzen Seite. Zu einer festen Kugel mischen und 30 Minuten stehen lassen.

Heizen Sie eine Gusseisenpfanne im Ofen bei hoher / niedriger Hitze auf 250 ° C vor. Mahlen Sie dann den Teig zu einer Kugel und schneiden Sie ihn mit einer Rasierklinge, ein oder zwei länglichen Schnitten.

Legen Sie das Brot auf Pergamentpapier und legen Sie es in die vorgeheizte Pfanne. Decken Sie und kochen Sie 45 Minuten auf dem untersten Rost. Nehmen Sie dann den Deckel ab und kochen Sie weitere 15 Minuten (unser Herd dauert nur etwa 7-10 Minuten).

Lassen Sie das Brot auf einem Rost abkühlen und öffnen Sie es spätestens 2 Stunden später. Ansonsten alles was du tun musst

es ist praktisch, praktisch, praktisch: das Brot ist jedes Mal anders, das Mehl spielt eine Rolle (jeder Beutel unseres Müllers ist etwas anders), die Temperatur, das Wasser und der Sauerteig spielen eine Rolle; Lass es auch los oder dehne es und biege es.

Mit diesem Grundrezept mache ich auch starkes und herzhaftes Brot. Dazu wird nur das Mehl gewechselt. Vollkornroggenmehl, Vollkornmehl, Dinkelmehl.

KARTOFFELBROT

Portionen: 1

ZUTATEN

- 300 Gramm Ofenkartoffeln, geschält und abgekühlt
- 250 gr Mehl (ganzes Roggenmehl)
- 250 gr Das Wasser
- 150 gr Natürliche Hefe (ganzer Roggensauerteig)
- 450 gr Weiches Mehl
- 2 EL Salz
- ½ Teelöffel Gemahlener Koriander
- 1 Teelöffel Kreuzkümmelsamen
- 1 Packung Hefe (Trockenhefe) oder 1 Würfel Hefe

VORBEREITUNG

Mischen Sie die lauwarmen Kartoffelpürees gut mit Vollkornmehl, Sauerteig und Wasser (verwenden Sie für kalte Kartoffeln nur heißes Wasser) (Tipp: Am einfachsten ist es, die 4 Zutaten in die Küchenmaschine zu geben und sie hacken zu lassen) und stehen zu lassen. über Nacht in einer größeren Schüssel.

Die anderen Zutaten hinzufügen, kneten, bis ein Teig entsteht (ggf. etwas mehr Wasser hinzufügen) und 1 Stunde an einem warmen Ort abgedeckt stehen lassen, nochmals kurz kneten, zwei Brote formen, mit Wasser bestreichen, diagonal mit einem erhabenen schneiden Messer. noch eine halbe Stunde.

Bei 220 Grad ca. 60 Minuten backen.

PHILADELPHIA-CREME

Portionen: 1

ZUTATEN

- 200 gr Keks (russisches Brot)
- 75 Gramm   Butter
- 250 gr Gemischte Beeren, gefroren
- 600 gr Frischkäse (Philadelphia)
- 300 Gramm   Joghurt, 0,1% Fett
- 5 EL   Marmelade (Beerenmarmelade)
- 6 Blatt Gelatine, weiß
- 75 Gramm   Zucker

VORBEREITUNG

Gesamtzeit ca. 3 Stunden und 30 Minuten

Legen Sie das russische Brot in einen Gefrierbeutel und zerbröckeln Sie es mit einem Nudelholz. Die Butter schmelzen, mit den Krümeln mischen und in eine gefettete Federform drücken.

Mischen Sie die Beeren. Werfen Sie das Philadelphia mit der Joghurt- und Beerenmarmelade. Die Gelatine einweichen, auspressen und mit Zucker und Fruchtpüree erhitzen, bis sie sich aufgelöst hat. Mischen Sie schnell die Sahne. Alles in die Form geben und 3 Stunden im Kühlschrank lagern. Nach Belieben mit roten Früchten dekorieren.

Gebackener Schinken im Brot

Portionen: 1

ZUTATEN

- 1 ½ kg Kasseler (Kamm)
- 2 ½ kg Brotteig (Schwarzbrotteig)
- Salz und Pfeffer
- 1 Prise Basilikum
- Wenn möglich 1 Prise Knoblauchgranulat oder Knoblauchcreme

VORBEREITUNG

Kombinieren Sie Salz, Pfeffer, Basilikum, eine Prise Knoblauch oder andere (nach Geschmack). Den

Kasselerkamm am Vortag mit einer Gewürzmischung einreiben und in den Kühlschrank stellen.

Verteilen Sie den Brotteig gleichmäßig (1 bis 2 cm dick) (nicht zu dünn, sonst macht der Saft den Teig weicher). Reiben Sie den Schinken erneut mit der Gewürzmischung ein und rollen Sie ihn in den Teig. Stellen Sie sicher, dass der Schinken vollständig bedeckt und der Teig fest verschlossen ist. Markieren Sie leicht die Oberseite des Teigs.

Backen Sie alles auf einem mit Pergamentpapier (vorzugsweise einem Rost) ausgelegten Backblech 4 Stunden lang bei 200 ° C auf dem zentralen Rost. Schneiden Sie die Kruste so weit wie möglich oben und großzügig ab, damit Sie den Schinken in Scheiben schneiden und so servieren können, wie er ist (nicht an den Seiten).

Die Kruste wird beim Backen ziemlich hart, aber ein Ratschlag: Der Teig im Inneren wird von der Sauce aufgenommen, er schmeckt extrem lecker!

GANZES SEMOLINA-BROT

Zutaten

- 300 ml Lauwarmes Wasser
- 1 Packung   Hefe (Trockenhefe)
- 4 EL   Olivenöl
- 150 gr Mais
- 350 gr Mehl (Vollkornmehl)
- 4 EL   Estragon
- 1 EL   Basilikum
- ½ Teelöffel   Meersalz

VORBEREITUNG

Zuerst die Hefe in den Behälter geben und lauwarmes Wasser einfüllen. Die Trockenhefe muss zuerst die Flüssigkeit aufnehmen und etwas aktiver werden, dann eine gute halbe Stunde warten.

Fügen Sie nun nacheinander die Zutaten hinzu: Mehl, Basilikum, Estragon, Olivenöl, Salz und Maiskörner.

Stellen Sie die Maschine auf Vollkornbrot und 500 g Brot. Das war's.

VEGAN STRAWBERRY BROT DESSERT

Portionen: 8

ZUTATEN

- 450 gr Brot, eines Tages gewürfelt
- 230 ml Mandelmilch (Mandelgetränk)
- 3 EL   Lebensmittelstärke
- 230 ml Kokosmilch
- 120 ml Zucker
- 2 EL   Frisch gepresster Zitronensaft
- 1 EL   Reiner Vanilleextrakt
- ½ Teelöffel   Zimt Pulver

- 460 Gramm   Erdbeeren, in 1 cm dicke Scheiben schneiden
- Für das Sahnehäubchen:
- 230 gr Kristallzucker
- 1 EL   Mandelmilch (Mandelgetränk)
- ½ Teelöffel   Reiner Vanilleextrakt
- 1 EL   Raffiniertes Öl (Kokosöl), gelöst

VORBEREITUNG

Den Backofen auf 180 Grad vorheizen. Eine Pfanne leicht einfetten (vorzugsweise quadratisch, 20 cm).

Legen Sie die Brotwürfel in eine große Schüssel. Mischen Sie die Mandelmilch mit der Maisstärke in einer anderen Schüssel, damit sie schmilzt. Die Milchstärkemischung mit Kokosmilch, Zucker, Zitronensaft, Vanilleextrakt und Zimt mischen und über das Brot gießen. Alles gut mischen. Das Brot muss ausreichend abgedeckt sein. 15 Minuten stehen lassen, damit das Brot gut einzieht. Fügen Sie die Erdbeeren hinzu und legen Sie alles in die quadratische Pfanne. Verteile es gut, es sollte relativ flach sein. 30 bis 35 Minuten backen, bis es hellbraun wird und beim Drücken fest aussieht. In der Zwischenzeit den Puderzucker in eine große Puderzuckerschale geben. Mandelmilch, Vanilleextrakt und Kokosöl hinzufügen und glatt rühren.

GEBACKENES PULVER II

Portionen: 1

ZUTATEN

- 200 gr Dinkel - Vollkornweizen, gemahlen
- 150 gr Roggen - Vollkorn, gemahlen
- 150 gr Gerste (nackte Gerste), gemahlen
- 1 Prise (n) brauner Zucker
- 1 Teelöffel Salz
- 1 Beutel / n Bäckerhefe (Zahnstein)
- 2 Teelöffel O Brotgewürzmischung
- Kreuzkümmel, Koriander, Anis + ganzer oder gemischter Fenchel,
- 450 ml Eine Limo

VORBEREITUNG

Alle trockenen Zutaten mischen lassen. Fügen Sie etwa 450 ml sprudelndes Mineralwasser hinzu, bei niedriger Temperatur ist dies ausreichend, lassen Sie es gut mischen, 5-8 Minuten, es entsteht auch eine schöne Krume.

Gießen Sie ca. 750 ml Wasser in einer Auffangschale unter den Backformen.

Legen Sie den Teig auf ein kleines Backblech mit Pergamentpapier oder formen Sie ein Brötchen, schneiden Sie den Teig + backen Sie.

Da sich der Ofen für dieses Brötchen nicht lohnt, mache ich drei Brote gleichzeitig. Im kalten Ofen bei 160 ° C ca. 60 bis 70 Minuten.

Nadelprobe.

BERLIN BROT

Portionen: 1

ZUTATEN

- 500 g Mehl
- 500 g Zucker
- 160 gr Butter
- 250 gr Mandeln, Vollkornprodukte, in Schale
- 2 EL   Kakao
- 2 Proteine
- Eier)
- 2 Teelöffel   Zimt Pulver
- ¼ Teelöffel   Piment, gemahlen
- 1 Packung   Hefepulver
- 1 Prise (n)   Salz

- Knospe

VORBEREITUNG

Den Backofen auf 180 ° C vorheizen (hohe / niedrige Hitze). Decken Sie ein Backblech mit Pergamentpapier ab.

Mischen Sie den Zucker, Butter, Weiß und Ei. Das Mehl mit den Gewürzen, dem Kakao und dem Backpulver mischen und zu den Mandeln geben.

Auf dem Backblech verteilen, mit Eigelb bemalen, ca. 30 Minuten backen. In heiße Streifen schneiden. Das Brot ist zunächst sehr abgestanden, nach einigen Tagen wird es weich und matschig.

BERLIN BROT

Portionen: 1

ZUTATEN

- 250 gr Kandiszucker (Krümelbonbon)
- 150 ml Milch oder Sojamilch
- 250 gr Mehl
- 1 Teelöffel Backpulver
- 4 Unzen Nüsse, gemischt
- 1 Teelöffel Zimt
- 1 Teelöffel gemahlene Nelken
- 1 EL Kakaopulver
- 1 Schuss Vielleicht Rum

VORBEREITUNG

Lösen Sie die Zuckerwatte in der Milch bei schwacher Hitze (es dauert lange). Wiegen Sie die Nüsse und hacken Sie sie etwa zur Hälfte, wobei der Rest ganz bleibt. Wenn sich die Kandiszucker in der Milch aufgelöst haben, lassen Sie die Mischung unter gelegentlichem Rühren auf „lauwarm" abkühlen, da sie nicht gefrieren sollte. Kneten Sie nun alle Zutaten, bis Sie einen glatten Teig erhalten (der Teig wird ziemlich fest sein).

Legen Sie den Teig in eine gefettete Form (20 x 30 cm) und glätten Sie ihn oder drücken Sie ihn mit nassen Händen zusammen. Backen Sie das Brot etwa eine halbe Stunde lang bei 180 ° C, schalten Sie es aus und schneiden Sie es sofort in Würfel. In einer geschlossenen Schachtel aufbewahren.

Das Brot ist ziemlich hart, aber es schmeckt köstlich.

WESTERWALD POTATO FRIED BROT

Portionen: 1

ZUTATEN

- 400 gr Mehl Typ 550
- 5 m breit   Papa
- Eier)
- 1 Eimer   Hefe
- 1 voller Teelöffel   Salz
- 130 ml Erhitzte Milch
- 130 ml Kaltes Wasser

VORBEREITUNG

Rohe Kartoffeln waschen, schälen und reiben (wie bei Kartoffelpuffer). Fügen Sie die heiße Milch hinzu und gießen Sie das kalte Wasser hinein.

Mit dem Backpulver zerbröckeln, das Ei hinzufügen, 1 Teelöffel Salz hinzufügen und das Mehl hinzufügen. Alles kneten, bis ein homogener Teig entsteht (mit den Händen oder mit der Küchenmaschine). Der Teig sollte gut geknetet werden, damit die geriebenen Kartoffeln gleichmäßig im Inneren verteilt sind.

Lassen Sie den Teig ca. 30 Minuten in einer Schüssel an einem warmen Ort ruhen.

Nochmals kurz mit den Händen kneten und einen Topf oder eine Laibpfanne füllen und abdecken und ca. 1 Stunde kochen lassen.

Den Backofen auf 220 ° C vorheizen.

Stellen Sie die Pfanne 20 Minuten lang bei 220 ° C auf den unteren Rost, senken Sie dann die Temperatur auf 200 ° C und backen Sie das Brot weitere 30 Minuten lang.

Aus der Pfanne nehmen und bei Bedarf weitere 10 Minuten ohne Pfanne auf einem Rost kochen, um von allen Seiten eine schöne goldene Kruste zu bilden.

BULBENIK
KARTOFFELKUCHEN (BROT)

Portionen: 1

ZUTATEN

- 1 Kilogramm   Rohe Kartoffeln
- 750 Gramm   Mehl
- 10 g Hefe
- 250 ml Lauwarmes Wasser
- 2 Eier)
- 60 ml   Öl (Sonnenblumenöl)
- 1 ½ Teelöffel   Salz

VORBEREITUNG

Sieben Sie das Mehl in eine Schüssel. Die Hefe in lauwarmem Wasser auflösen und ca. 10 Minuten an einem warmen Ort ruhen lassen. Mit dem Mehl einen elastischen Hefeteig formen. Den fertigen Teig abdecken und ca. 30 Minuten gehen lassen.

In der Zwischenzeit die Kartoffeln fein reiben und in einem Sieb abtropfen lassen. Sie müssen sie nicht auf einem Tuch abtropfen lassen, sondern nur auswringen. Mit den Eiern, Öl und Salz mischen. Zum Sauerteig geben und kneten. Fügen Sie bei Bedarf etwas mehr Wasser hinzu. Nochmals abdecken und 20 Minuten stehen lassen.

Während dieser Zeit den Backofen belüftet auf 180 ° C vorheizen. Ein Backblech (oder 2 Kuchenformen) einfetten. Rollen Sie den Teig nach Ablauf der Standzeit in die gewünschte Form und legen Sie ihn auf das Backblech / die Kuchenform.

Im vorgeheizten Backofen ca. 1,25 Stunden backen.

Es passt gut zu Gerichten, die reich an Soße sind, wie Soße, Gulasch und Aufschnitt. .Fleisch, weil es Saucen sehr gut aufnimmt. Aber es schmeckt auch köstlich, nur mit Butter überzogen.

MALTESISCHES BROT

Portionen: 1

ZUTATEN

- 600 gr Weizenmehl
- 10 Gramm   Salz
- 15 Gramm   Zucker
- 15 Gramm   Margarine
- 25 Gramm   Hefe
- 345 ml Lauwarmes Wasser
- 1 EL   Milch

VORBEREITUNG

Mischen Sie das Mehl mit dem Salz in einer Schüssel. Fügen Sie die anderen Zutaten hinzu und mischen Sie alles gut für ca. 10 Minuten.

Decken Sie die Schüssel fest mit einem feuchten Tuch ab und lassen Sie sie eine Stunde lang an einem warmen Ort stehen.

Dann den Teig in drei Teile teilen, die jeweils ein Fladenbrot bilden und auf ein Backblech legen. Die Brote schneiden, mit Mehl bestreuen und weitere 15 Minuten stehen lassen.

Backen Sie das Brot in einem vorgeheizten Ofen bei 230 ° C etwa 10 Minuten lang, senken Sie es dann auf 200 ° C ab und beenden Sie das Backen in etwa 30 Minuten.

Mit der Schlagmethode kann festgestellt werden, ob das Brot gebacken ist - wenn es gebacken wird, sieht es hohl aus.

Walnuss- und Schokoladenbrot

Portionen: 1

ZUTATEN

Für die Pasta:

- 400 g Mehl
- 1 Päckchen Trockenhefe
- 50 g Zucker
- 1 Prise (n)   Salz
- Eier)
- 125 g Frischkäse
- 5 Tropfen   Bitterer Mandelgeschmack

Für das Futter:

- 50 Gramm   Rosinen
- 2 EL   Ron
- 100 Gramm   Mandelblättchen
- 75 Gramm   Schokoladenstückchen
- 4 EL   Aramello-Sauce

Auch:

- Mehl zur Arbeit
- Knospe
- 2 EL   Sahne

VORBEREITUNG

Mischen Sie das Mehl mit dem Backpulver. Zucker, Salz, Ei, Sauerrahm und Mandelgeschmack hinzufügen und mischen. Den Teig 1 Stunde ruhen lassen.

Tauchen Sie die Rosinen in den Rum. Den Teig auf einem bemehlten Teigbrett ausrollen und ein Rechteck von ca. 30 x 40 cm bilden. Mischen Sie die Rum-Rosinen mit der Mandel-, Schokoladen- und Karamellsauce. Über den Teig verteilen und einen kleinen Rand hinterlassen. Rollen Sie auf der langen Seite. Schneiden Sie die Rolle der Länge nach in zwei Hälften und drehen Sie die beiden Teile vorsichtig, um eine Schnur zu bilden. Auf dem Backblech eine Girlande formen und 10 Minuten stehen lassen.

Den Backofen auf 200 Grad vorheizen. Das Eigelb mit der Sahne mischen und den Teig ausrollen. Backen Sie für ungefähr 35 Minuten.

GROSSES GLUTENFREIES KARINBROT

Portionen:

ZUTATEN

- 2 Tassen / n gemischtes Mehl (Maisstärke, Kartoffelmehl, Reismehl)
- 1 Tasse Haferflocken, herzhaft
- 0,33 Tasse Buchweizen
- 0,33 Tassen Samen oder Nüsse, gemischt (Sonnenblume, Kürbis usw.)
- 1 Eimer   Frischhefe oder Trockenhefe *
- 1 EL   Zucker
- 2 EL   Apfelessig oder Balsamico-Essig

- 2 Teelöffel   Salz

VORBEREITUNG

Mischen Sie die Hefe mit dem Zucker in einer Tasse lauwarmem Wasser; Seien Sie vorsichtig, je mehr Sie multiplizieren, desto besser ist es, ein großes Glas zu nehmen und es nur zur Hälfte zu füllen. Zur Seite legen.

In der Zwischenzeit: Mehl, Haferflocken, Buchweizen (ca. 1 Handvoll), Samen und Nüsse (ca. 1 Handvoll) in die Küchenmaschine geben und alles trocken mischen.

Dann die gut fermentierte Hefemischung, den Essig (vorzugsweise dunklen Balsamico für die Farbe) und das Salz hinzufügen und gut mischen. Bereiten Sie den Topf Hefe mit mehr lauwarmem Wasser vor und fügen Sie ihn nach und nach hinzu, bis eine glatte Paste entsteht. Legen Sie nun ein Küchentuch darauf (damit der Teig keine Zugluft aufweist) und lassen Sie ihn ca. 30 Minuten ruhen.

Nochmals umrühren und auf ein mit Pergamentpapier ausgelegtes Backblech legen. Weitere 30 Minuten stehen lassen.

KALT backen und bei 175 ° C bei hoher / niedriger Hitze ca. 1 Stunde kochen lassen. Speicheltest: Wenn der Spieß beim Entfernen noch feucht ist, kochen Sie ihn weitere 10 Minuten.

Nach dem Abkühlen (über Nacht) in Scheiben schneiden und einzeln einfrieren, was nicht sofort erforderlich ist. Da das Brot keine Zusatzstoffe enthält, ist es sehr leicht verderblich.

Nehmen Sie es 5 Minuten vor dem Essen aus dem Gefrierschrank, lassen Sie es bei Raumtemperatur auftauen, dann ist es frisch.

Persönlich schmeckt es viel besser als im Laden gekauftes glutenfreies Brot, hält Sie länger satt, enthält keine Zusatzstoffe und ist viel billiger.

Stellen Sie bei der Verwendung von Bio-Hefe sicher, dass diese als "glutenfrei" gekennzeichnet ist. Dies ist nicht bei allen Bio-Hefen der Fall.

REZEPT FÜR DIE VORBEREITUNG DER BLÄTTER

Portionen:

ZUTATEN

- 600 gr Roggen, fein gemahlen (ganzes Roggenmehl)
- 1250 ml Wasser
- 3 EL   Molke, heiß oder mit Milch

VORBEREITUNG

Mahlen Sie am ersten Tag 200 g Roggen zu feinem Vollroggenmehl, mischen Sie es gut mit 250 ml lauwarmem Wasser und Buttermilch (Milch) und legen Sie es abgedeckt in eine große Schüssel an einen warmen Ort bei etwa 24 Grad.

Nach 24 Stunden 100 g fein gemahlenen frischen Roggen und 250 ml Wasser hinzufügen, gut mischen und warm halten.

Wiederholen Sie den gesamten Vorgang noch dreimal. Sie werden feststellen, dass sich bereits nach einem Tag schöne Luftblasen bilden. Nach nur zwei Tagen beginnt der Sauerteig gut zu riechen.

Mit diesem Rezept können Sie wunderbare Sauerteigbrote machen. Sie können den versiegelten Sauerteig 6 bis 8 Wochen im Kühlschrank aufbewahren.

SCHNELLE PLATTENROLLEN

Portionen: 1

ZUTATEN

- 150 gr Dinkel, frisch gemahlen
- 50 Gramm   Weichweizenmehl, 550 s
- 2 EL   Polenta
- 1 EL   Natives Olivenöl extra
- ½ Teelöffel   Salz
- 15 Gramm   Hefepulver
- 2 EL   Mischkörner (Flachs, Sonnenblume, Kürbis, Mohn)
- 120 ml Das Wasser

VORBEREITUNG

Mischen Sie alle Zutaten zu einem Teig und formen Sie 4 Brötchen und drücken Sie sie ein wenig flach. Erhitzen Sie eine ausgekleidete Pfanne bei mittlerer Hitze, legen Sie die Brötchen in die Pfanne und kochen / braten Sie sie auf jeder Seite etwa 12 Minuten lang bei schwacher Hitze bei geschlossenem Deckel, bis sie hellbraun werden.

Ich koche mit einem Gasherd, daher kann ich keine Informationen über eine andere Wärmequelle geben.

MÜNSTERLÄNDER
Bauernstuten

Portionen:

ZUTATEN

Für den vorherigen Teig:

- 200 gr Vollkornroggenmehl
- 2 g Hefe
- 300 ml lauwarmes Wasser
- Für den Hauptteig:
- 950 Gramm   Weichweizenmehl Typ 550
- 350 gr Milchbutter
- 50 Gramm   Butter
- ½ Würfel   Hefe

- 2 EL. Salz
- Mehl für die Arbeitsfläche

VORBEREITUNG

Am Tag zuvor für die Roggenvormischung die Hefe im Wasser auflösen und das Roggenmehl hinzufügen. Bei Raumtemperatur stehen lassen.

Mischen Sie am Tag des Kochens die vorherige Roggenpaste gut mit den anderen Zutaten. Bilden Sie mit Ihren Händen ein Rechteck oder drücken Sie es zusammenn und falten Sie den Teig nach rechts und links, drehen Sie ihn ein wenig und falten Sie ihn erneut.

45 Minuten stehen lassen. Mehl ein Geschirrtuch und legen Sie es in einen Topf oder ein Sieb. Schneiden Sie den Teig in zwei Hälften, legen Sie ihn auf Ihre Arbeitsplatte und schauen Sie sich um, um eine Kugel zu formen. Legen Sie den Teig mit der glatten Seite nach oben in die Schüssel oder das Sieb. 1h30 ruhen lassen.

Den Elektroherd auf 250 ° vorheizen, die Auffangwanne von unten mit Wasser füllen. Legen Sie die beiden Brotbällchen mit der unebenen Seite nach oben auf das bemehlte Backblech. 10 Minuten bei 250 ° backen, dann weitere 40 Minuten bei 190 °.

Hinweis: Wenn Sie es schnell erledigen müssen, reichen 3-4 Stunden Pause zum Vorkneten aus.

JOGURT SNEAKERS

Portionen: 1

ZUTATEN

- 130 Gramm   Joghurt (Joghurt trinken)
- 2 Teelöffel   Feiner Zucker
- 1 Teelöffel, geebnet   Salz
- 10 Gramm   Trockenhefe
- 190 g Weichweizenmehl Typ 405
- 3 Esslöffel natives Olivenöl extra
- Norden. Mehl bestreuen
- Norden. B. Trommelfett

VORBEREITUNG

Den dicken Joghurt auf 30 ° C erhitzen. Zucker, Salz und Hefe auflösen. Lassen Sie die Hefe 10 Minuten einwirken.

Wiegen Sie das Mehl in einer Schüssel und kneten Sie es mit der Hefe, bis Sie einen krümeligen Teig erhalten. 2 Esslöffel Olivenöl einkneten und mindestens 12 Minuten kneten, um einen glatten und glänzenden Teig zu erhalten. Bilden Sie einen typischen Schuh, legen Sie ihn auf ein gefettetes Backblech, bestreichen Sie ihn mit dem restlichen Olivenöl und bestreuen Sie ihn mit etwas Mehl. 8 Stunden bei ca. 30 ° C.

Den Backofen (mit einer Platte im unteren Kanal, gefüllt mit heißem Wasser) auf 200 ° C hohe / niedrige Temperatur vorheizen.

Die Ciabatta auf dem zentralen Grill bei schwacher Hitze 35 Minuten lang kochen, bis sie leicht gebräunt ist. Nach 10 Minuten die Hitze auf 180 ° C senken.

Verbrauchen Sie Ciabatta innerhalb von 1 bis 3 Tagen.

Hinweis: Ciabatta ist ein Begriff, der sich anfänglich auf Form bezieht und sich im Dialekt auf einen abgenutzten Pantoffel, eine Bergkiefer, bezieht. Typisch für einen Ciabatta-Teig ist die lange Garzeit von bis zu 12 Stunden (je nach Temperatur), die er mit dem Baguette gemeinsam hat. Die breitporige Textur des Brotes ist ein weiteres Merkmal und erfordert ein Mehl mit einem hohen Glutengehalt. Der Zucker ermöglicht es der Hefe, genügend Nahrung zu finden, damit die Poren erscheinen können. Es gärt um 8 Uhr vollständig. Die lange Garzeit verleiht der Ciabatta einen typischen leicht bitteren Geschmack, den eine Turbo-Ciabatta nicht hat.

ACIDIC BROT DOUGH

Portionen: 1

ZUTATEN

- 200 gr Roggenmehl
- 1 Tasse Sauerteig, frag den Bäcker
- 2 Tassen   Lauwarmes Wasser
- 1000 Gramm   Weizenmehl oder Vollkornmehl
- 1 ½ Esslöffel Salz
- 700 ml Wasser, l
- 10 g Butter

VORBEREITUNG

Der Tag davor:

Mischen Sie 200 g Roggenmehl mit 2 Tassen Wasser und dem Backpulver und lassen Sie es über Nacht an einem warmen Ort stehen.

Der Tag der Vorbereitung:

Nehmen Sie 1 Tasse Sauerteig heraus und stellen Sie ihn für das nächste Kochen wieder in den Kühlschrank (er kann mehrere Wochen gelagert werden).

Butter zwei 1 kg Laib Dosen.

Fügen Sie 1000 g Sauerteigmehl hinzu und mischen Sie 1,5 Esslöffel Salz mit dem Mehl. 700 ml Wasser hinzufügen und alles gut mischen. Der Teig kann von Hand oder maschinell hergestellt werden. Das Schmelzen des Brotes sollte 3-5 Minuten dauern. Den Teig auf den Formen verteilen. Mit etwas Wasser glatt, entsteht eine schöne Kruste.

1 bis 1,25 Stunden bei 55 ° C im Ofen stehen lassen. Es kann auch länger dauern. Der Teig sollte die Spitze erreichen.

Dann 1 Stunde bei 160 ° C - 165 ° C im Ofen backen. Schalten Sie einfach den Ofen ein.

Die obere Kruste des fertigen Brotes mit Wasser bestreichen, um dem Brot Glanz zu verleihen. Nehmen Sie das Brot nach dem Backen sofort aus der Pfanne. Lösen Sie gegebenenfalls die Kante leicht mit einer Kelle.

MEINE SNEAKERS

Portionen: 1

ZUTATEN

- 190 Gramm   Weichweizenmehl Typ 405 oder Ciabatta-Mehl
- 120 gr Bier (Pils oder Lager)
- 2 Teelöffel   Zucker
- 1 Teelöffel, geebnet   Salz-   oder   Hühnerbrühe (Kraftbrühe)
- 2 EL   Olivenöl
- 10 Gramm   Trockenhefe
- Norden. B. B. Mehl zum Bestreuen

VORBEREITUNG

Erhitze das Bier auf 30 Grad. Zucker, Salz und Hefe auflösen. Lassen Sie die Hefe 10 Minuten einwirken. Wiegen Sie das Mehl in einer Schüssel und kneten Sie es mit der Hefe, bis Sie einen krümeligen Teig erhalten. In Olivenöl kneten und mindestens 12 Minuten kneten, bis sich ein glatter und glänzender Teig bildet. Bilden Sie einen typischen Schuh, legen Sie ihn auf ein gefettetes Backblech, bestreuen Sie ihn mit etwas Mehl und bedecken Sie ihn etwa 8 Stunden lang bei etwa 30 Grad.

Heizen Sie den Ofen mit einem Teller mit heißem Wasser (auf der niedrigsten Stufe) auf 200 Grad vor und kochen Sie die Ciabatta bei mittlerer bis niedriger Hitze 35 Minuten lang, bis sie hellbraun wird. Verbrauchen Sie Ciabatta innerhalb von 1 bis 3 Tagen.

Anmerkung:

Ciabatta ist ein Begriff, der sich zunächst auf die Form bezieht und sich im Dialekt auf einen abgenutzten Pantoffel, eine Bergkiefer, bezieht. Typisch für einen Ciabatta-Teig ist die lange Backzeit von bis zu 12 Stunden (abhängig von der Temperatur), die er mit dem Baguette gemeinsam hat. Ein weiteres Merkmal ist die Struktur von grobporigem Brot und erfordert Mehl mit einem hohen Glutengehalt. Der Zucker ermöglicht es der Hefe, genügend Nahrung zu finden, damit die Poren erscheinen können. Es gärt um 8 Uhr vollständig. Die lange Garzeit verleiht der Ciabatta einen typischen leicht bitteren Geschmack, den eine Turbo-Kiabatta nicht hat.

WUPPERTAL COUNTRY BROT

Portionen: 2

Zutaten

- 500 g   Weichweizenmehl Typ 405
- 100 Gramm   Roggenmehl Typ 1150
- 100 Gramm   Dinkelmehl
- 20 Gramm   Gebackenes Malz
- 1 Eimer   Hefe
- 1 EL   Zucker
- Etwas über das Wasser
- 1 Teelöffel Salz
- 1 Teelöffel Brotgewürzmischung
- Mehl für die Arbeitsfläche

Für den Sauerteig:

- 400 gr Roggenmehl Typ 1150
- 400 gr Wasser, 35 ° C.

VORBEREITUNG

Zur Herstellung von natürlicher Hefe:

Alles bei Raumtemperatur vorbereiten. Die Wassertemperatur sollte 35 ° C betragen.

Mischen Sie 100 g Wasser mit 100 g Roggenmehl und lassen Sie es einen Tag stehen.

Nochmals 100 g Wasser und 100 g Roggenmehl hinzufügen, mischen und über Nacht stehen lassen.

Am vierten Tag 200 g Wasser und 200 g Roggenmehl hinzufügen.

Jetzt haben wir 800 g Sauerteig. Gießen Sie 100 g davon in ein geschlossenes Glas. Dies wird für eine Woche oder länger im Kühlschrank aufbewahrt.

Wenn Sie den Sauerteig am Tag vor seiner Verwendung verteilen, fügen Sie 100 g Wasser (35 ° C) und 350 g Roggenmehl hinzu.

Für das Brot:

Die restlichen 700 g Sauerteig in eine Schüssel geben. Mischen Sie das Weizenmehl mit dem Rest des Roggenmehls, dem Dinkelmehl und dem Backmalz und gießen Sie den Sauerteig in die Schüssel. Machen Sie mit einem Löffel zwei Hohlräume im Mehl. Geben Sie die zerbröckelte Hefe, den Zucker und etwas Wasser in einen Topf, Salz und Gewürze in den anderen. Dann 5-10 Minuten ruhen lassen, bis sich die Hefe aufgelöst hat.

Mischen Sie nun alles mit dem Teighaken. Der Teig sollte ausreichend fest und kompakt sein. Fügen Sie nach Bedarf etwas Mehl oder Wasser hinzu. Dann bestreuen Sie Ihre Arbeitsfläche großzügig mit Mehl. Nehmen Sie den Teig aus dem Glas, kneten Sie ihn 5 Minuten lang gut mit den Handflächen, teilen Sie ihn und kneten Sie jede Hälfte mindestens 3 Minuten lang erneut. Der Teig muss nicht klebrig sein, er sollte sich leicht mit den Händen abziehen lassen. Ich halte diese Punkte für besonders wichtig, da hier der Kleber mit dem Mehl verschmilzt.

Sie können es wie einen Brotkasten auf einem Backblech aus Pergamentpapier oder wie einen Laib Brot backen. Dazu werden ein oder zwei Kugeln gebildet.

Dann 30 bis 45 Minuten bei ca. 40 ° C im Ofen ruhen lassen, bis der Teig gar ist. Lassen Sie nicht zu viel Zeit vergehen, die gestartete Variante wird schnell flach und breit.

Nehmen Sie das Brot kurz aus dem Ofen, decken Sie es mit einem Tuch ab und heizen Sie den Ofen auf 200 ° C vor. Gießen Sie nach Erreichen der Temperatur 500 ml Wasser in die Auffangwanne. Dies beginnt dann zu verdampfen und stellt sicher, dass die Kruste nicht zu hart wird.

Die Garzeit beträgt ca. 40 bis 50 Minuten.

Wenn es abkühlt, legen Sie ein wenig Brot, zum Beispiel auf Stäbchen oder ähnliches, damit es die Luft von unten ansaugt.

Variationen:

Zwiebel- oder Schinkenbrot: Zwiebel oder Schinken anbraten und kneten.

Getreidebrot: Leinsamen oder ähnliches passen auch gut zum Teig.

Ein bisschen mehr Zucker: Es macht das Brot nicht süßer, es steigt ein bisschen besser. Probiere es einfach.

Teilen Sie den Teig nicht, sondern nur ein großes Stück Brot. es wird definitiv funktionieren, die Garzeit kann leicht variieren.

Ein höherer Anteil an Roggen - wäre wünschenswert, aber unter dem Strich funktioniert es nicht so gut mit Roggenmehl in Ihrem Heimofen wie in einer Bäckerei, da Öfen die Fähigkeit haben, Dampf einzuspritzen. Daher garantiert der relativ hohe Anteil an Getreide einen guten Erfolg.

Grob gemahlenes Mehl, Vollkornmehl oder ähnliches: Ich habe keine guten Erfahrungen damit gemacht, es öffnet sich nicht gut und es kocht nicht gut. Verwenden Sie es beispielsweise als Additiv. B. anstelle von Dinkelmehl.

Ich freue mich auf weitere Vorschläge und Erfahrungen mit den Änderungen. Sie können es auch zweimal fallen lassen, die Laufzeit oder Temperatur ändern oder ähnliches. Wir laden Sie ein, es zu versuchen.

GANZES ROGENBROT MIT MILCHTEIG

Portionen: 1

ZUTATEN

Für den Sauerteig:

- 250 gr Sehr heißes Wasser
- 250 gr Vollkornroggenmehl
- Für den Hauptteig:
- 300 Gramm   natürliche Hefe
- 300 Gramm   Vollkornroggenmehl
- 300 Gramm   Vollkornmehl
- 260 Gramm   Sehr heißes Wasser
- 10 Gramm   Hefe

- 2 Teelöffel   Salz

Auch:

- Norden. Vollkornmehl
- Norden. Sonnenblumenöl
- Norden. B. Wasser, sehr heiß

VORBEREITUNG

Für den Sauerteig 50 g sehr heißes Wasser und 50 g Bio-Roggenmehl 5 Tage in einer Schüssel mischen und abgedeckt in der Küche bei Raumtemperatur von ca. 20 ° C stehen lassen.

Nach ein paar Tagen bilden sich Blasen und der Sauerteig riecht sauer, vielleicht Apfelessig, Bier oder ähnliches. Entfernen Sie am sechsten Tag die erforderlichen 300 g Sauerteig und fahren Sie mit dem Rest fort, solange Sie das Brot backen möchten. Wenn Sie beispielsweise in den Urlaub fahren, kann der Teig auch vorübergehend im Kühlschrank aufbewahrt werden.

Für das Brot mischen Sie die beiden Mehlsorten mit dem Salz.

Mischen Sie 300 g Sauerteig mit 260 g sehr heißem Wasser in einer Schüssel.

Mischen Sie zuerst das Mehl und das Backpulver mit einem Handmixer mit einem Teighaken. Dann weiter von Hand kneten, bis sich ein glatter und möglicherweise leicht klebriger Teig bildet.

Legen Sie den Teig 1 Stunde lang in eine Schüssel in einem vorgeheizten Ofen bei 50 ° C bei hoher / niedriger Hitze (und schalten Sie ihn dann aus), um ihn wieder aufzuheizen.

Die Hefe in etwas lauwarmem Wasser auflösen. Nun den heißen Teig einarbeiten und einen weichen, leicht klebrigen Teig mit etwas mehr Vollkornmehl kneten.

Den Teig abdecken und 1,5 Stunden im Ofen ruhen lassen.

Den Teig aus dem Ofen nehmen, auf ein gefettetes Backblech legen und markieren.

Den Backofen auf eine obere / untere Temperatur von 250 ° C vorheizen.

Gießen Sie das Brot und gießen Sie eine Tasse Wasser in den Ofen (nicht auf das Brot). Der resultierende Dunst hält die Oberfläche des Brotes für einige Zeit glatt.

Nun wie folgt kochen: 10 min bei 250 ° C, dann 15 min bei 200 ° C und schließlich 35 min bei 160 ° C.

Das Brot sollte jetzt hohl erscheinen, wenn es auf den Boden des Brotes trifft. Wenn ein Thermometer verfügbar ist, verwenden Sie es und stellen Sie es auf eine Innentemperatur von 96 ° C ein.

Ich benutze Bio-Mehl.

TURNSCHUHE

Portionen: 1

ZUTATEN

- 1 ½ kg Mehl
- 180 ml Milch oder Sojamilch
- 20 g Honig oder Zucker
- 50 g Hefe
- 1,2 Liter Wasser
- 30 ml Olivenöl oder Neutralöl
- 25 g Salz

VORBEREITUNG

Wenn Sie das gesamte Rezept machen, benötigen Sie eine große Schüssel oder, wie wir es in der Küche getan haben, einen sauberen 10-Liter-Eimer, da die Hefe aufgehen wird.

Geben Sie zuerst 450 ml Wasser, Milch, Honig, 25 g Hefe und 450 g Mehl in den Eimer oder die Schüssel für den vorherigen Teig. All dies wird mit einem großen Schneebesen gemischt, egal ob es Klumpen gibt, die Hefe wird die Klumpen beim Gehen aufbrechen. Decken Sie dann den vorherigen Teig mit Plastikfolie ab und lassen Sie ihn ca. 1 Stunde ruhen, bis der Teig grob gefaltet ist.

Wenn der Teig aufgegangen ist, die anderen Zutaten hinzufügen und alles mit einem Holzlöffel vermischen, wieder abdecken und ca. 1,5 Stunden.

In der Zwischenzeit den Backofen auf ca. Auf 200 ° C erhitzen / senken und 2 Teller mit Mehl bestreuen. Den fertigen Teig auf die Backbleche verteilen und in ca. 3 längliche Brötchen. Mit etwas Mehl bestreuen und im vorgeheizten Backofen ca. 15-20 Minuten backen, bis sie leicht gebräunt sind.

VOLLKORNBROT

Portionen: 1

ZUTATEN

- 750 Gramm   Mehl, vorzugsweise 5 Mehlkörner
- 1 Liter Milchbutter
- 500 g   Vollkornmehl
- 250 gr Gemischte Samen, zB Sonnenblumenkerne, Kürbiskerne, Leinsamen, Sesam.
- 4 Teelöffel   Salz
- 200 gr Rübensirup
- 2 Würfel   Hefe
- 150 ml Lauwarmes Wasser
- Margarine, für den Schimmel
- Hafer für die Form

VORBEREITUNG

Mehl und Buttermilch mit den Samen in eine Schüssel geben und ca. 1 Stunde einweichen lassen.

Die Hefe in lauwarmem Wasser auflösen und zusammen mit allen anderen Zutaten zum Mehl geben. Gut mit dem Teighaken mischen.

2 Brotpfannen (30 cm lang) einfetten und mit Haferflocken bestreuen. Den Teig in zwei Formen teilen und mit Haferflocken bestreuen. Bei 180 ° C bei hoher / niedriger Hitze ca. 70 Minuten.

Brot kann sehr leicht eingefroren werden.

SOUTH TIROL REMOVAL FULL PAN

Portionen: 2

ZUTATEN

- 350 ml Das Wasser
- 2 EL   Zuneigung
- 2 Zimmer   Trockenhefe
- 400 gr Dinkelmehl, (ganzes Dinkelmehl)
- 100 g Weizenmehl (Vollmehl)
- 5 g Fenchelsamen
- 2 g Kreuzkümmel
- 15 Gramm   Salz
- 100 Gramm   Sonnenblumenkerne   und
  Haferflocken oder Samen Ihrer Wahl

VORBEREITUNG

Für alles Dinkelbrot das Wasser mit dem Honig erhitzen und mit der Hefe mischen. Den Rest der Zutaten in die Wassermischung geben und kneten, bis ein Teig entsteht. Mit einem Geschirrtuch abdecken und ca. 35 Grad (ungefähr 30 Minuten).

Den Teig erneut kneten, halbieren und Brotlaibe formen. Mit lauwarmem Wasser bestreichen und mit Sonnenblumenkernen und Haferflocken bestreuen. Wieder aufgehen lassen (ca. 30 Minuten). Im vorgeheizten Backofen bei 200 ° ca. 30 Minuten backen.

Rat:

Sie können auch kleine Brötchen mit ganzen Dinkelnudeln machen. Andere Arten von Mehl oder Getreide können ebenfalls verwendet werden.

Fräsen und Rollen fräsen

Portionen: 1

ZUTATEN

- 500 g Mehl (z.B. Typ 550)
- 300 ml Lauwarmes Wasser
- 9 g Salz
- 30 g Hefe

VORBEREITUNG

Die Hefe in kleine Stücke zerbröckeln und in eine Schüssel geben, Salz, Wasser und Mehl hinzufügen. Alles mischen und kneten, bis ein elastischer Teig entsteht.

Abdecken und 30 Minuten an einem warmen Ort (ca. 25 Grad) ruhen lassen.

Den Teig noch einmal kurz mit den Fingerspitzen auf einer mit Mehl bestäubten Arbeitsfläche kneten. Teilen Sie den Teig in zwei Hälften und schneiden Sie mit dem Karton einen Abschnitt in vier Stücke.

Nun "mahlen" Sie das Brot und die Brötchen, das heißt, formen Sie sie. Verteilen Sie dazu die vier Teigkugeln mit Ihren Händen in kreisenden Bewegungen auf der Arbeitsplatte, bis eine Spannung auf der Oberfläche entsteht, während die Drehbewegung unten eine Art Spirale erzeugt.

Formen Sie nun die zweite große Teighälfte zu einem Laib und legen Sie sie auf eine straffe Oberfläche auf einen Hefekorb oder ein Backblech und decken Sie sie erneut 30 Minuten lang an einem warmen Ort ab.

Nach einer halben Stunde den Brotteig auf ein Backblech drehen und in Brötchen schneiden.

Den Backofen auf 220 ° C vorheizen, dann die Brötchen ca. 20 Minuten und das Brot ca. 30 Minuten bei 200 ° C hoch / niedrig goldbraun backen.

Dann mit einem Geschirrtuch abdecken und auf einem Gitter verdunsten lassen.

Guten Appetit!

Zwiebelbrot, Käse und Schinken

Portionen: 1

ZUTATEN

- 500 g Mehl
- 20 g Hefe
- 1 Teelöffel Salz
- 0,35 Liter Mineralwasser
- 100 Gramm   Käse, scharf, gerieben
- 100 Gramm   Schinkenwürfel
- 50 Gramm   geröstete Zwiebeln

VORBEREITUNG

Den Backofen auf eine höhere / niedrigere Temperatur von 100 ° C vorheizen.

Das Mehl in eine Schüssel geben.

Die frische Hefe in eine Tasse geben und das Salz hinzufügen. Rühren, bis die Hefe flüssig ist (die Hefe reagiert auf das Salz, es muss kein Wasser hinzugefügt werden). Zum Mehl mit Mineralwasser bei Raumtemperatur und geriebenem Käse, Schinkenwürfeln und gebratenen Zwiebeln geben. Kneten Sie alle Zutaten in einem Hefeteig, bis er sich vom Rand der Schüssel löst, und fügen Sie bei Bedarf etwas Mehl oder Mineralwasser hinzu. Decken Sie nun die Schüssel mit einem Tuch ab und lassen Sie den Teig ca. 10 Minuten im heißen Ofen gehen. Nehmen Sie dann die Schüssel heraus und heizen Sie den Ofen auf 200 ° C.

Den Teig auf einer bemehlten Oberfläche zu einem runden Laib formen und auf ein vorbereitetes Backblech legen. In einen heißen Ofen (mittlerer Rost) stellen und 50 Minuten kochen lassen. Führen Sie dann den Funktionstest durch und lassen Sie ihn auf einem Grill abkühlen.

Tipp: Brot kann auch in einer Auflaufform gebacken werden.

EINZELBROT

Portionen: 1

ZUTATEN

- 500 g   Mehl (auch halb ganz, halb weiß)
- 350 ml Das Wasser
- 1 Packung   Trockenhefe
- 1 EL   Zucker
- 1 Teelöffel   Salz
- 2 EL   Öl
- Fett für die Fitness

VORBEREITUNG

Alle Zutaten mischen und abdecken und zweimal gehen lassen. Nochmals gut kneten und in eine gefettete Pfanne geben (ich streue auch die Semmelbrösel darauf). Weitere 20 Minuten stehen lassen.

Die Oberseite mit Wasser bestreichen. Dann im vorgeheizten Backofen ca. 40 bis 50 Minuten bei 220 ° C hoher / niedriger Hitze.

BASIL PESTO BROT

Portionen: 1

ZUTATEN

Für die Pasta:

- 250 gr Mehl
- 1 Teelöffel   Salz
- 2 Teelöffel   Trockenhefe
- 160 ml Lauwarmes Wasser

Für das Pesto:

- 1 Blumenstrauß   Basilikum, zerrissene Blätter,
  ca. 20 Gramm

- 75 Gramm   Nüsse oder Samen, z.B. Mandeln, Pinienkerne
- ¼ Teelöffel   Pfeffer
- ½ Teelöffel   Salz
- 2 EL   Das Wasser
- 60 ml Olivenöl

VORBEREITUNG

Für das Brot das Mehl in eine Schüssel geben und das Salz auf der einen Seite und die Trockenhefe auf der anderen Seite hinzufügen und vorsichtig mischen. Gießen Sie lauwarmes Wasser hinein und kneten Sie mit dem Teighaken etwa 5 Minuten lang, bis sich ein glatter Teig bildet. Decken Sie die Schüssel mit dem Teig ab und lassen Sie sie mindestens 1 Stunde stehen, bis sich die Größe des Teigs verdoppelt hat.

Kombinieren Sie für das Pesto alle Zutaten außer dem Olivenöl in einem Planetenmixer oder mit einem Handmixer. Lassen Sie das Öl bei laufendem Motor fließen und mischen Sie alles fein.

Den Teig auf der bemehlten Arbeitsfläche ausrollen, um einen Teig von ca. Rechteck 45 x 30 cm. Dann das Pesto gleichmäßig verteilen und eine kleine freie Kante lassen. Dann rollen Sie es auf der langen Seite. Schneiden Sie den Nudelholz mit einem scharfen Messer auf beiden Seiten zur Mitte hin in zwei Hälften. Drehen Sie die Teigstränge und legen Sie das Brot auf ein mit Pergamentpapier ausgelegtes Backblech.

Den Backofen auf höhere und niedrigere Temperaturen von 190 ° C vorheizen. Das Brot mit etwas Wasser bestreichen und auf dem zentralen Rost des vorgeheizten Backofens ca. 25 Minuten backen. Herausnehmen und etwas abkühlen lassen.

NIEDRIGES KRAFTSTOFFBROT MIT SONNENBLUMENSAMEN

Portionen: 1

ZUTATEN

- 50 g Sonnenblumenkerne
- 50 g zerkleinerte Leinsamen
- 50 g Weizenkleie
- 50 g Proteinpulver, neutral (zum Beispiel in Apotheken erhältlich)
- 2 Eier der Größe M.
- 250 gr Magerquark
- 1 voller Teelöffel Hefepulver
- 1 Teelöffel Salz

VORBEREITUNG

Den Backofen auf 200 ° C vorheizen.

Mischen Sie die trockenen Zutaten, fügen Sie den Hüttenkäse und die Eier hinzu und kneten Sie einen Teig. Lassen Sie den Teig 10 Minuten ruhen. Die Leinsamen quellen auf und der Teig wird etwas fester.

Ein Brot formen und ca. 40 Minuten backen. Ich benutze nur Backpapier auf einem Gestell.

Wenn Sie möchten, können Sie das Brot vor dem Backen mit einem Messer etwas tiefer (ca. 1 cm) schneiden, mit Sonnenblumenkernen bestreuen und bei Bedarf etwas andrücken. Aber das ist nur für das Aussehen.

Das Besondere an dem Rezept ist, dass es immer noch funktioniert und sehr vielseitig ist. Anstelle von Sonnenblumenkernen können Sie auch Kürbiskerne, gehackte Nüsse, Sesam, gemischte Salatsamen usw. verwenden. Ich habe es sogar mit 25 g Pinienkernen und 25 g geriebenen sonnengetrockneten Tomaten gekocht. In der Tat können Sie fast jede Art von kohlenhydratarmen Samen oder Nüssen verwenden.

NAAN INDISCHES BROT

Portionen: 1

ZUTATEN

- 500 g Mehl
- 150 ml Heiße Milch
- 2 ½ Esslöffel Zucker
- 2 Teelöffel   Trockenhefe
- 1 Teelöffel Backpulver
- 2 EL   Pflanzenöl
- 150 ml Vollmilchjoghurt, leicht geschlagen
- 1 groß Eier, leicht zu schlagen
- Salz
- rollendes Mehl

VORBEREITUNG

Gießen Sie die Milch in eine Schüssel, fügen Sie 0,5 Esslöffel Zucker und Hefe hinzu. An einem warmen Ort ca. 20 Minuten ruhen lassen, bis sich die Hefe aufgelöst hat und die Mischung locker wird.

Das Mehl in eine große Schüssel geben, mit 1/2 Teelöffel Salz und Backpulver mischen. Fügen Sie 2 Esslöffel Zucker, gelöste Hefemilch, 2 Esslöffel Pflanzenöl, leicht geschlagenen Joghurt und leicht geschlagenes Ei hinzu. Alles gut 10 Minuten kneten, bis ein weicher und duktiler Teig entsteht. Geben Sie 1/4 Teelöffel Öl in eine Schüssel und rollen Sie die Teigkugel. Decken Sie den Behälter mit Plastikfolie ab und lassen Sie ihn 1 Stunde an einem warmen Ort stehen, um ihn zu verdoppeln.

Den Teig erneut kneten, in 6 gleichmäßig große Kugeln teilen und mit einem Geschirrtuch abdecken.

Die erste Kugel dünn mit etwas Mehl in Form eines Tropfens oder eines Kreises verteilen.

Schalten Sie die große Flamme des Gasofens auf volle Leistung ein und lassen Sie einen Pfannkuchen oder eine andere große Pfanne sehr heiß werden (Sie können dies auch ohne Fett tun). Nur wenn die Pfanne sehr heiß ist (ich verwende ein italienisches Fladenbrot), fügen Sie das Fladenbrot hinzu. Auf einer Seite braten, bis es kocht. Dann drehen Sie es kurz um (seien Sie vorsichtig, das Naan kann jetzt leicht brennen!) Und bräunen Sie die andere Seite kurz an.

Heiß servieren! Hervorragend zu allen Arten von Curry- oder Saucengerichten.

Die fertigen Kugeln können auch in Plastikfolie eingewickelt und sehr gut eingefroren werden. Nochmals ca. 1 Stunde. Ich löse die Aluminiumfolie und lege die Kugeln auf den Herd.

KÖSTLICHES BUTTERBROT, ENTFERNT UND WEIZENMehl

Portionen: 4

ZUTATEN

- 250 gr Milchbutter
- 250 gr Das Wasser
- 250 gr Dinkelmehl (Typ 630)
- 300 Gramm Weichweizenmehl Typ 405
- 100 Gramm Grütze
- 4 Teelöffel natürliche Hefe
- 1 EL Salz
- 2 Teelöffel Zucker, möglicherweise braun
- 1 Packung Trockenhefe

VORBEREITUNG

Zuerst werden Buttermilch und Wasser, Mehl und alle anderen Zutaten in die Brotmaschine gegeben und gut geknetet. Nach dem erneuten Kneten wird der Teig in einen Brotkorb gelegt. Wenn er zu weich ist, können Sie etwas mehr Mehl kneten. Dort ließ ich ihn etwa 15 Minuten lang gehen.

Ich backte das Brot ungefähr 10 Minuten lang bei ungefähr 250 ° C, dann fiel die Temperatur auf 180 ° C und das Brot blieb ungefähr 20 Minuten lang im Ofen. Um eine gute Kruste zu erhalten, habe ich etwa 150 ml Wasser in den Boden des Ofens gegossen und auch eine Schüssel Wasser in den Boden gestellt. Wie bei anderen Brotsorten ist es gut, wenn es gebräunt ist und der Boden leer erscheint.

Der erste Versuch mit Frischkäse und Brunnenkresse war mehr als lecker und schmeckt auch hervorragend zu Käse, Marmelade oder was auch immer Sie zum Frühstück möchten.

Ich las Dutzende von Rezepten, schaute mir an, was sich im Schrank und im Kühlschrank befand, änderte alle Rezepte ein wenig und das Ergebnis war wirklich leckeres Brot.

MAGISCHES GLUTENFREIES BROT

Portionen: 1

ZUTATEN

- 350 gr Mehlmischung (Brotmischung aus Schär), glutenfrei
- 100 Gramm Buchweizenmehl
- 50 g Mehlmischung (Seitz Schwarzmehlmischung), glutenfrei
- 1 ½ Teelöffel Himalaya-Salz oder Meersalz
- 50 g Leinsamen, gelb
- 50 g Sesam
- 10 g gepuffter Amaranth
- 2 EL Flohsamenschalen
- 1 EL Chiasamen
- 2 EL Apfelessig
- 1 Teelöffel, geebnet Zucker
- 1 Eimer Hefe
- 550 ml Lauwarmes Wasser
- Butter für Schimmel

VORBEREITUNG

Die Hefe zerbröckeln und mit dem Zucker im Wasser auflösen. Es dauert 5-8 Minuten. Zuletzt umrühren.

In der Zwischenzeit alle verbleibenden trockenen Zutaten wiegen oder messen, in eine Schüssel geben und mischen. Gießen Sie die Apfelessig-Hefe-Wasser-Mischung hinein und mischen Sie sie mindestens 10 Minuten lang gut in einer Küchenmaschine. Dies ist auch mit dem Handmixer möglich, aber es ist anstrengend. Der Teig sollte noch klebrig sein, aber ein wenig biegsam; Je nach Mehlsorte möglicherweise etwas mehr Wasser hinzufügen.

Dann eine rechteckige Pfanne mit Butter bestreichen und den Teig hineinlegen, in zwei Hälften teilen und in der Form nebeneinander Brötchen formen. Backen, mit einem Tuch abdecken und den Backofen auf eine maximale Temperatur von 40 ° C stellen. 15 Minuten stehen lassen.

Entfernen Sie das Tuch und reiben Sie es mit einem Messer für ca. 4 mal in 1 cm. Lassen Sie es im Ofen stehen und stellen Sie den Ofen auf 200 ° C obere und untere Temperatur und den Timer auf 60 Minuten. Die Ofentür muss während der Garzeit eingeschaltet bleiben. Nehmen Sie das Brot nach 60 Minuten aus der Pfanne und backen Sie es weitere 10 Minuten bis maximal 15 Minuten mit dem Boden nach oben. Auf einem Gestell einige Stunden abkühlen lassen.

Mehlteig ist sehr wichtig für den Geschmack, insbesondere bei glutenfreiem Brot. Bei anderen Mehlen, die ebenfalls verwendet werden können, ist der Geschmack offensichtlich anders. Getreide und Samen können frei ausgetauscht werden, zum Beispiel B. Hanf- oder Sonnenblumenkerne, Kürbiskerne oder Nüsse sind ebenfalls möglich.

NAAN BROT

Portionen: 1

ZUTATEN

- 250 gr Mehl (Typ 550 oder Dinkelmehl Typ 630)
- 1 Teelöffel Trockenhefe mit Backpulver
- Ein bisschen Salz
- 1 Teelöffel Zucker
- 100 ml lauwarmes Wasser
- 75 Gramm   Joghurt
- 2 EL   Öl
- 2 EL   Geklärte Butter
- Mehl für die Arbeitsfläche

VORBEREITUNG

Mehl, Trockenhefe mit Backpulver, 1 Teelöffel Salz und Zucker in einer Schüssel vermengen. Joghurt und Öl mischen, mit der Mehlmischung mischen. Gießen Sie 100 ml lauwarmes Wasser. Mit dem Teighaken des Handmixers glatt rühren.

Decken Sie den Teig ab und lassen Sie ihn 3 Stunden stehen (wenn Sie Zeit haben, noch mehr), bis sich das Volumen des Teigs verdoppelt hat. Den Backofen und ein Backblech auf 260 ° C vorheizen.

Den Teig auf einer leicht bemehlten Arbeitsfläche kräftig kneten und in 6 gleiche Portionen teilen. Teilen Sie sie nacheinander in ovale Kuchen (ca. 20 cm lang). Legen Sie 3 Kuchen auf ein Blatt Papier. Rollen Sie die Kuchen auf Pergamentpapier in einer heißen Pfanne und backen Sie sie in der Mitte des Ofens 6 bis 8 Minuten lang goldbraun.

Die geklärte Butter schmelzen. Legen Sie die Focaccias zum Abkühlen auf einen Rost und verteilen Sie sie sofort mit etwas geklärter Butter. Backen und bürsten Sie die restlichen Brote auf die gleiche Weise. Am besten gekühlt serviert.

DELFINAS VITALBROT

Portionen: 1

ZUTATEN

- 470 Gramm   Natürliche   Hefe   (natürliche Roggenhefe)
- 240 gr Roggenmehl Typ 1150
- 170 gr Weichweizenmehl Typ 1050
- 250 gr Das Wasser
- 16 Gramm   Salz
- 10 Gramm   Hefe
- 50 Gramm   Körner   (lebenswichtige Grundmischung)

VORBEREITUNG

Mischen Sie alle Zutaten in der Küchenmaschine mit dem Spiralmischer auf Stufe 2 für 6 Minuten. Bedeckt 10 Minuten stehen lassen.

Den Teig auf eine bemehlte Arbeitsfläche legen, erneut kneten, dann rund und dann der Länge nach arbeiten. In einen Hefekorb legen, abdecken und ca. 1 Stunde.

Den Backofen (vorzugsweise mit einem Backstein) auf 250 ° O / U vorheizen. Das Brot vorsichtig auf den Backstein kippen (Sie können den Spieß einmal über das Brot schieben, wenn Sie möchten). Mit vielen Pony nach oben drücken. 15 Minuten backen, dann die Temperatur auf 200 ° senken und weitere 40 Minuten kochen lassen.

Die lebenswichtige Basismischung besteht aus:

Sonnenblumenkerne, Kürbiskerne, geröstete Sojabohnen und Pinienkerne

FAZIT

Die Brotdiät wird allgemein als ausreichend für den täglichen Gebrauch angesehen. Weil keine wesentlichen Änderungen vorgenommen werden müssen. Sie müssen sich jedoch an 5 Mahlzeiten pro Tag halten, um Fett zu verbrennen. Daher ist auch die Widerstandsprognose recht gut. Die Brotdiät kann mehrere Wochen ohne zu zögern durchgeführt werden. Die Notwendigkeit, Kalorien zu zählen, erfordert eine sorgfältige Planung der Mahlzeiten. Die Brotdiät ist jedoch nicht einseitig, schon allein deshalb, weil das Mittagessen normal gegessen wird. Die Brotdiät ist nur für Benutzer gedacht, die sich Zeit für das Frühstück und andere Mahlzeiten nehmen können. Weil das Essen gut gekaut werden muss.

Was ist erlaubt, was ist verboten

Es ist nicht erlaubt, während der Brotdiät dicke Butter auf Brot zu verteilen. Aber es ist besser, auf Butter oder Margarine zu verzichten. Die Decke sollte auch nicht zu dick sein. Eine Scheibe Wurst oder Käsebrot sollte ausreichen. Sie müssen während der Brotdiät 2-3 Liter trinken, dh Wasser, Tee oder ungesüßte Fruchtsäfte.

SPORT - NOTWENDIG?

Regelmäßige Bewegung oder Sport stehen nicht im Mittelpunkt einer Brotdiät. Aber Sport zu treiben ist nicht mehr so schlecht wie früher

Ähnliche Pläne

Ähnlich wie bei Kohl, Kohl oder verschiedenen Säften konzentriert sich die Brotdiät auf das Essen von Brot.

PLAN KOSTEN

Bei der Brotdiät müssen keine zusätzlichen Kosten gegenüber den normalen Einkäufen erwartet werden. Vollkornbrot kostet etwas mehr als Weißmehlbrot. Aber die Unterschiede sind nicht so groß. Außerdem müssen Sie Bio-

Produkte nicht separat kaufen. Achten Sie wie bei anderen Einkäufen nur auf die Frische der Ware.

WAS ERLAUBT IST, WAS VERBOTEN IST

Es ist nicht erlaubt, während der Brotdiät dicke Butter auf Brot zu verteilen. Aber es ist besser, auf Butter oder Margarine zu verzichten. Die Decke sollte auch nicht zu dick sein. Eine Scheibe Wurst oder Käsebrot sollte ausreichen. Sie müssen während der Brotdiät 2-3 Liter trinken, dh Wasser, Tee oder ungesüßte Fruchtsäfte.

Die empfohlene Dauer der Brotdiät beträgt vier Wochen. Es ist aber auch möglich, es zu erweitern. Sie sollten ungefähr zwei Pfund pro Woche verlieren.

Die Tagesrationen bestehen aus fünf Mahlzeiten. Diese sollten auch beachtet werden, um das Gefühl des Hungers zu vermeiden.

Darüber hinaus kann der Körper auf diese Weise die wertvollen Nährstoffe optimal nutzen. Es ist auch wichtig, viel zu trinken.

Dank einer ausgewogenen Nahrungsaufnahme kann die Brotdiät bei ausreichender Kalorienaufnahme auch für die ganze Familie durchgeführt werden. Gleichzeitig hat es auch den Vorteil, dass die Arbeiter es auch leicht benutzen können; Die meisten Mahlzeiten können zubereitet und dann weggenommen werden.

Wenn konsequent durchgeführt, ist es möglich, einen Gewichtsverlust von 2 bis 3 Pfund pro Woche zu erreichen. Letztendlich zielt die Brotdiät darauf ab, Ihre Ernährung auf gesundes Obst und Gemüse und Kohlenhydrate und weg von Fleisch und Fett zu verlagern. Die große Menge an Ballaststoffen führt zu einem anhaltenden Völlegefühl.